# Instrumentos de la geografía

por Alan M. Ruben

Orlando  Austin  Chicago  NewYork  Toronto  London  San Diego

¡Visita *The Learning Site!*
**www.harcourtschool.com**

# Un mundo de información

¿Cómo es el mundo? Un globo enorme que ilustre la Tierra es una buena forma de averiguarlo.

Otra forma es mirar un mapa. ¿Cómo sabemos que realmente es así?

Nuestro mundo es redondo.
En este globo, puedes ver
países y océanos.

Lo sabemos gracias al trabajo de los geógrafos, que investigan sobre diferentes lugares. ¿En qué se diferencia o se parece un lugar a otro? ¿Cómo cambian los lugares con el tiempo?

Los geógrafos también investigan el clima y estudian las plantas y los animales que viven en diferentes lugares.

**Los geógrafos estudian el suelo y el mar.**

Estos geógrafos están interesados en saber más sobre los árboles de este bosque tropical. Toman notas y hacen dibujos. Quieren saber de qué manera el número de árboles afecta la vida de las personas que viven ahí.

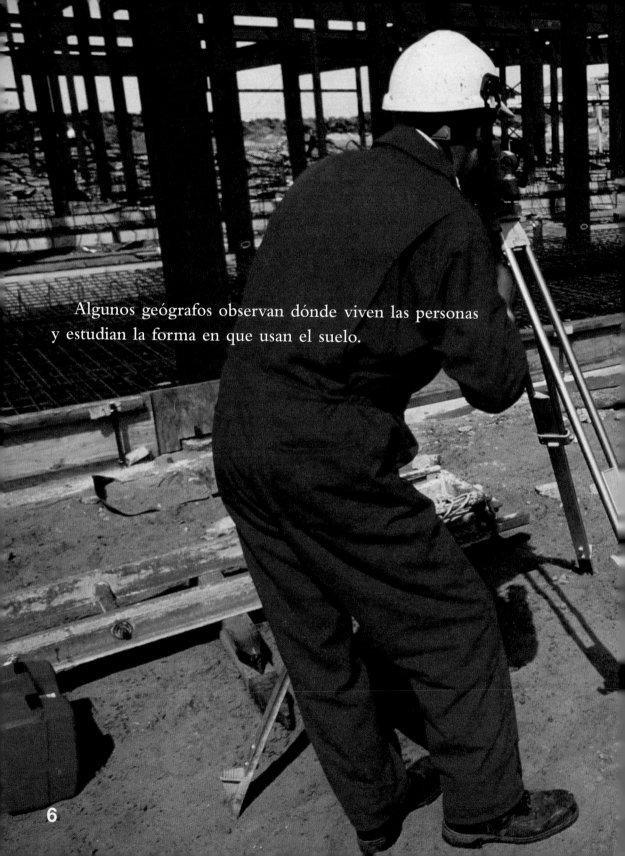

Algunos geógrafos observan dónde viven las personas y estudian la forma en que usan el suelo.

Los geógrafos necesitan tener los instrumentos correctos para hacer su trabajo.

# Instrumentos útiles

Hace mucho tiempo, los marineros también necesitaban ser geógrafos. Ellos fueron los que hicieron los primeros mapas, pues necesitaban saber qué tan lejos estaba un lugar de otro y qué ruta tomar. También dibujaron mapas que mostraban los lugares nuevos que habían visitado.

Hace más de 1,000 años, los marineros chinos empezaron a usar un instrumento llamado brújula, que les mostraba si iban hacia el norte, sur, este u oeste. Hoy en día, todavía usamos brújulas.

La aguja de una brújula apunta hacia el norte.

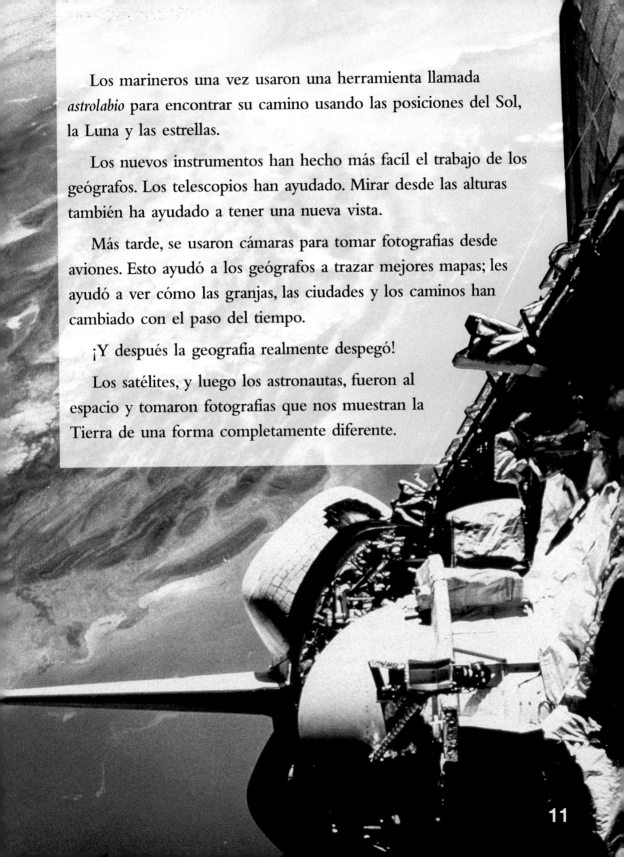

Los marineros una vez usaron una herramienta llamada *astrolabio* para encontrar su camino usando las posiciones del Sol, la Luna y las estrellas.

Los nuevos instrumentos han hecho más facíl el trabajo de los geógrafos. Los telescopios han ayudado. Mirar desde las alturas también ha ayudado a tener una nueva vista.

Más tarde, se usaron cámaras para tomar fotografías desde aviones. Esto ayudó a los geógrafos a trazar mejores mapas; les ayudó a ver cómo las granjas, las ciudades y los caminos han cambiado con el paso del tiempo.

¡Y después la geografía realmente despegó!

Los satélites, y luego los astronautas, fueron al espacio y tomaron fotografías que nos muestran la Tierra de una forma completamente diferente.

# Instrumentos de la era espacial

Actualmente, los satélites envían imágenes impresionantes. Parecen fotografías, pero en realidad son imágenes armadas por computadora.

Los geógrafos "leen" las formas y los colores de estas imágenes, las cuales pueden mostrar montañas y ciudades; también muestran nubes y vientos en movimiento.

Los remolinos de esta imagen indican que se acerca una fuerte tormenta.

13

Algunos satélites son parte del Sistema de Posicionamiento Global o GPS. Los satélites envían señales a computadoras pequeñas. Algunas son tan pequeñas que caben en la palma de tu mano.

Este agricultor usa el GPS para vigilar el crecimiento de sus cultivos. Los marineros y geógrafos usan el GPS para medir distancias y trazar mapas especiales. Algunos piensan que dentro de poco todos tendremos uno de estos sistemas. Será como tener un geógrafo a tu lado.

**14**

# Más instrumentos de alta tecnología

En la geografía medir es importante. Algunos instrumentos hacen que los geógrafos obtengan detalles importantes más rápida y fácilmente.

Los teodolitos y los rayos láser actúan como una regla de gran tamaño. Si se usan juntos, pueden medir distancias mejor que cualquier otro aparato que se haya usado.

El *sonar* se ha utilizado durante muchos años. Funciona haciendo rebotar ondas sonoras en los objetos. Desde hace tiempo, los barcos y submarinos utilizaron sonares para medir colinas y valles debajo del mar. Hoy en día, los satélites también se usan para hacer rebotar las ondas sonoras desde el fondo del mar.

¡Los satélites en el espacio toman mejores fotografías del fondo del mar que los submarinos!